El Joven Investigador

Sonidos

Terry Jennings

Ilustraciones:
Oena Armstrong
Karen Daws
Tony Morris
Edward McLachlan
Mike Saunders

Traducción del inglés:
Pedro Barbadillo

Título original:
The young scientist investigates.
Sounds
Publicado por Oxford University Press

Primera edición: junio 1987
Segunda edición: abril 1988

© Terry Jennings, 1984
© Ediciones SM, 1987
    Joaquín Turina, 39 - 28044 Madrid

ISBN: 84-348-2245-8
Depósito legal: M-12912-1988
Fotocomposición: Grafilia, S.L.
Impreso en España / *Printed in Spain*
Imprenta: Edime, Org. Gráfica, S.A. - Móstoles (Madrid)

Distribuidor exclusivo: CESMA, S.A.
    Aguacate, 25 - 28044 Madrid

Índice

Los sonidos

Todos los días oímos infinidad de sonidos diferentes. Cuando algo se mueve, se produce un sonido. Oímos el aire que se mueve entre los árboles, la lluvia que golpea una ventana y el tictac de un reloj. El reloj produce ese sonido debido a una pieza interior que se mueve hacia adelante y hacia atrás. Oímos el trino de un pájaro y el llanto de un niño. Estos sonidos se producen porque la boca y la garganta del niño y del pájaro se mueven.

El coche, el camión o el avión producen ruidos. Estos ruidos se producen porque los motores y otras partes del coche, del camión o del avión se mueven.

Cuando no oímos ningún sonido, es porque todo está completamente quieto. No es corriente que todo esté completamente quieto. En el campo siempre escuchamos algún sonido. Las ciudades, normalmente, son muy ruidosas.

¡El mundo es ruidoso!

Los sonidos nos proporcionan información

Los sonidos nos proporcionan información de todo tipo. Cuando alguien nos habla, sabemos qué está pensando. Si alguien silba o canta, sabemos que está contento. El llanto de un niño nos manifiesta que tiene hambre, que está asustado o que se encuentra incómodo. Si alguien se queja, expresa que le duele algo. Cuando suena el teléfono, sabemos que alguien quiere hablar con nosotros. Si suena el timbre de la puerta, sabemos que hay alguien fuera. El ruido del despertador indica que es hora de levantarse. La sirena de un coche de bomberos, de un coche de policía o de una ambulancia, avisa a la gente que debe apartarse.

Muchos sonidos hacen la vida agradable. A la mayoría de la gente le gusta oír el canto de los pájaros y escuchar música. La música nos anima y alegra.

Cómo se produce el sonido

Cuando algo comienza a vibrar, se produce un sonido. Vibrar significa oscilar hacia adelante y hacia atrás. Coloca unos botones pequeños sobre una mesa. A continuación, golpea la mesa con un puño. Los botones comienzan a moverse de acá para allá. El movimiento de los botones se produce porque la mesa vibra cuando la golpeas con el puño.

Si una cosa vibra rápidamente, puedes oír un sonido. Sujeta una goma al picaporte de una puerta. Con una mano estira la goma. Si con la otra mano tiras de la goma y la sueltas, vibrará rápidamente. Mientras esté vibrando, oirás sonidos procedentes de la goma. Si das un empujón a una castaña sujeta a una cuerda, oscila hacia adelante y hacia atrás. Está vibrando. Pero no oyes ningún sonido, porque la castaña y la cuerda vibran muy lentamente.

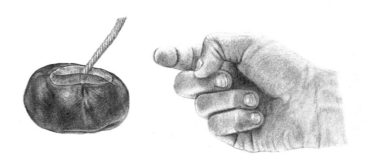

Sonidos graves y sonidos agudos

Banda militar

Taladradora neumática

Ratón recogiendo su cría perdida

Algunos sonidos son fuertes, y otros son tan suaves que son difíciles de percibir. Unos sonidos son bajos y otros altos. Como hemos visto, los sonidos se producen cuando algo vibra. Los sonidos son altos o *agudos* si la vibración es rápida. Y son bajos o *graves* si la vibración es lenta.

No oímos todos los sonidos. Si un sonido es demasiado agudo o demasiago grave, no lo oímos en absoluto. Sin embargo, algunos animales pueden oír sonidos que nosotros no percibimos. Hay silbatos especiales para perros que parecen no emitir ningún sonido. Pero los perros los oyen. Si una cría de ratón se pierde, emite un sonido demasiado agudo para que lo perciban los hombres, pero sí lo oye su madre, que así puede encontrarlo.

Ondas sonoras

Ondas producidas al tirar una piedra al agua

Rayo y relámpago

Avión de reacción

Si tiramos una piedra a un estanque, se producen ondas. Estas ondas son unas pequeñas olas en la superficie del agua. Cuando un objeto vibra, mueve el aire que lo rodea. Si tocas un timbre, éste vibra y hace vibrar también el aire que hay a su alrededor. Aunque no podemos verlo, el aire vibra en forma de ondas. Estas ondas se llaman ondas sonoras. Cuanto más se alejan, se hacen más débiles. Por esa razón no podemos escuchar un sonido que esté lejos pero sí uno que esté cerca.

Un sonido muy fuerte es el trueno. El trueno es el ruido producido por una enorme descarga eléctrica en la atmósfera. La descarga eléctrica se llama rayo y la luz que produce se llama relámpago.

Las ondas sonoras producidas por el trueno se propagan rápidamente, pero la luz se propaga aún más deprisa que el sonido. Por eso, cuando hay tormenta, vemos el relámpago antes de escuchar el trueno. Cuanto mayor sea el tiempo transcurrido entre el relámpago y el trueno, más lejos estará la tormenta.

Algunos aviones de reacción pueden volar a mayor velocidad que la del sonido. Estos aviones se llaman supersónicos.

El sonido se propaga por los sólidos y los líquidos

A través del aire el sonido se propaga con facilidad. Pero se propaga mejor a través de los sólidos y los líquidos. Si pegas un oído al pupitre o a una mesa de madera y arañas la madera con las uñas, comprobarás lo bien que se propagan los sonidos a través de un sólido. Escucharás perfectamente el sonido que producen los arañazos. Pero si retiras, aunque sólo sea un poco, el oído de la mesa, lo oirás peor.

El sonido se propaga por la madera

Los indios de América del Norte ya sabían que los sonidos se propagan mejor por la tierra que por el aire. Se echaban en el suelo y pegaban un oído a la tierra para saber si se acercaban sus enemigos. Lo que así oían era el ruido de los cascos de los caballos al golpear el suelo. El ruido se propagaba mejor por la tierra que por el aire.

Indio escuchando el galope de los caballos

Los buzos y los hombres rana perciben muy bien los sonidos bajo el agua. Un hombre rana, bajo el agua, oye el motor de un bote antes que alguien que esté en la superficie.

Hombre rana bajo el agua

Astronautas preparados para partir hacia la Luna

Las vibraciones producidas por el sonido deben propagarse a través de algo. En el vacío no se propagan. En la Luna no hay aire. Por eso, aunque se hablaran dos personas que estuvieran juntas, no se oirían. Incluso si se estrellara una nave espacial, no podrían oírlo. Cuando queremos enviar mensajes a alguien que está en el espacio, tenemos que transformar las vibraciones sonoras en señales eléctricas o radiofónicas.

Sonidos de los animales

Rana croando

Los animales emiten diferentes sonidos. Muchos animales tienen «voz». La mayoría de las aves y los mamíferos usan esa «voz». Hasta los peces emiten sonidos. A veces los pescadores, cuando están en el mar, se despiertan por la noche por los ruidos producidos por los peces.

Las ranas y los sapos emplean mucho su voz, pero sólo durante la época del celo. Los conejos, en cambio, no. Para advertir a los demás conejos de algún peligro, golpean el suelo con las patas traseras.

Pájaro carpintero picoteando la rama de un árbol

El pájaro carpintero picotea con fuerza la rama seca de un árbol para indicar a otros pájaros carpinteros que está allí. La serpiente de cascabel tiene unas escamas duras y movibles al final de la cola. Agita esa parte de la cola y produce un sonido susurrante que asusta a sus enemigos. Algunos insectos producen sonidos al frotar una pata contra un ala. Así lo hacen muchos saltamontes. La abeja emite un zumbido cuando vuela. Ese zumbido se produce al mover las alas rápidamente.

La abeja emite un zumbido al volar

Saltamontes frotándose una pata contra un ala, para producir un sonido

Sonidos humanos

Los hombres producimos muchos sonidos y de muy distintas maneras con las manos y los pies, aunque la mayoría de ellos los emitimos con la voz.

Niños cantando

Tu voz proviene de la garganta. Ponte una mano en la garganta y canturrea. Notarás cómo vibra tu garganta. Dentro de ésta se encuentra la laringe. Los varones tienen en ella una protuberancia llamada vulgarmente «nuez». Dentro de la laringe hay un conjunto de músculos llamados cuerdas vocales. Cuando queremos hablar o cantar, hacemos que vibren las cuerdas vocales. Para que vibren, enviamos aire desde los pulmones a las cuerdas vocales. Cuando las cuerdas vocales vibran, emiten sonidos. La forma de vibrar las cuerdas vocales es distinta, por lo que también son distintos los sonidos que emitimos. Vibran rápidamente cuando queremos emitir una nota aguda, y lentamente cuando queremos emitir una nota grave. Para convertir los sonidos vocales en palabras, modificamos la posición de la boca y de la lengua.

Nuez

Interior de la laringe

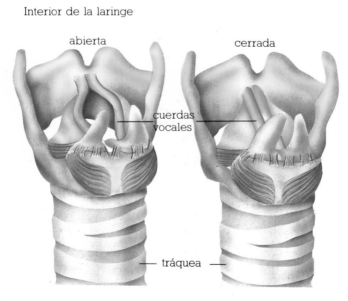

abierta

cerrada

cuerdas vocales

tráquea

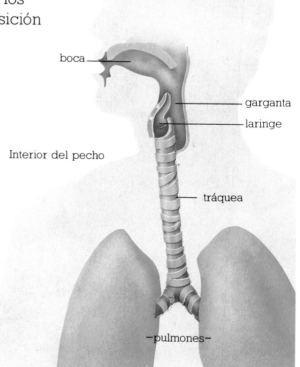

boca

Interior del pecho

garganta

laringe

tráquea

—pulmones—

10

¿Te acuerdas?

(Si no sabes las respuestas, búscalas en las páginas anteriores.)

1 ¿Cuándo se produce un sonido?

2 ¿Qué sucede cuando no oímos ningún sonido?

3 ¿Qué nos proporcionan los sonidos?

4 ¿Qué produce algo que vibra?

5 ¿Por qué escuchamos un sonido cuando estiramos y soltamos de golpe una goma tensa?

6 ¿Por qué no oyes ningún sonido cuando se mueve hacia adelante y hacia atrás una castaña sujeta a una cuerda?

7 ¿Cuándo se producen sonidos agudos?

8 ¿Cuándo se producen sonidos graves?

9 ¿Qué oímos cuando un sonido es muy agudo o muy grave?

10 ¿Qué son las ondas sonoras?

11 ¿Por qué vemos el relámpago antes de oír el trueno?

12 ¿Cómo se llaman los aviones que vuelan a mayor velocidad que la del sonido?

13 ¿Por qué los indios americanos pegaban un oído al suelo?

14 ¿Por qué en la Luna no se oirían dos personas aunque se hablasen muy cerca?

15 ¿Cómo emiten los conejos su señal de peligro?

16 ¿Por qué picotea el pájaro carpintero la rama seca de un árbol?

17 ¿Qué hacen los saltamontes para producir sonidos?

18 ¿Cómo produce una abeja el zumbido?

19 ¿Cómo se llama la protuberancia que tienen los varones en la laringe?

20 ¿Qué vibra dentro de la laringe?

Cosas para hacer

1 **Timbres de bicicleta.** Aprieta el resorte de un timbre de bicicleta. El timbre suena porque el martillo que hay dentro hace vibrar la campanilla del timbre al golpearlo. ¿Por qué no suena el timbre si pones una mano sobre la campanilla?

2 **Nombres de sonidos.** Haz una lista de todas las palabras que conozcas que describan algún sonido. He aquí unas cuantas para ayudarte a comenzar: estallido, detonación, estampido, silbido, porrazo, chapoteo, rechinamiento.

Emplea éstas y otras más que describan sonidos para escribir una historia o una poesía. Tu relato podría titularse: «Paseo nocturno por el bosque», «Hora punta en la ciudad», etc.

3 ¿Cuántos sonidos eres capaz de reconocer?

Dile a un amigo que juegue contigo. Uno de vosotros se venda los ojos con un pañuelo. El otro produce diversos sonidos; por ejemplo, arañando la mesa con las uñas, haciendo ruido con un cepillo, agitando una caja de cerillas, etc. Se trata de adivinar lo que hace el otro. Luego, cambiáis. ¿Cuál de vosotros tiene más aciertos?

4 Estetoscopio casero.

El médico utiliza el estetoscopio para escuchar los latidos del corazón y los sonidos que producen los pulmones.

Con dos embudos de plástico y un tubo de goma o de plástico, puedes fabricarte un sencillo estetoscopio. Une los embudos al tubo, de la forma que indica la figura. Coloca uno de los embudos sobre el pecho de tu amigo. Ponte el otro en el oído. ¿Escuchas los latidos del corazón de tu amigo? Los sonidos se propagan por el tubo hasta tu oído. Puedes utilizar también el estetoscopio para escuchar otros sonidos suaves, como el tictac de un reloj.

5 Reconocimiento de voces.

¿Puedes distinguir las personas por su voz? Prueba con un grupo de amigos. Colócate detrás de un biombo, mientras uno de tus amigos lee en voz alta un pasaje de un libro. ¿Has distinguido quién está leyendo? A continuación cambia con uno de tus amigos. Repetir el juego hasta que todos lo hayáis hecho.

Podrías también intentar leer el mismo pasaje ante una cinta magnetofónica. ¿Distingues las voces grabadas en la cinta? ¿Por qué normalmente resulta difícil reconocer tu propia voz?

6 Un viejo dicho.

Hay un viejo dicho que dice «Los cántaros vacíos son los más ruidosos». ¿Es eso cierto? Usa una jarra o una lata vacías, una cuchara y una jarra con agua para averiguarlo. ¿Qué quiere decir realmente el dicho, aplicado a personas? ¿Es cierto?

7 El trueno y la velocidad del sonido.

El sonido se propaga a gran velocidad. Recorre 340 m por segundo.

La próxima vez que veas un relámpago, calcula a qué distancia está la tormenta. Cuando veas el relámpago, comprueba cuántos segundos pasan hasta que oigas el trueno. Si, por ejemplo, pasan diez segundos entre el relámpago y el trueno, la tormenta estará a unos 3,4 km de distancia (si el sonido recorre 340 m por segundo, en diez segundos habrá recorrido 3.400 m, o sea, 3,4 km).

niños utilizando un estetoscopio casero

embudo

tubo de goma o plástico

8 Sonidos fantasmales. ¿Te has dado cuenta de la variedad de sonidos que se producen cuando sopla el viento?

Sopla en la boca de una botella vacía. El aire vibra dentro de la botella y produce un ruido que parece un gemido. Frecuentemente, el viento produce sonidos como ése cuando sopla por la chimenea de una casa. El viento también produce ruido al chocar contra las ventanas. Hace que las puertas se cierren de golpe y que las ramas de los árboles golpeen las ventanas. Probablemente, muchas historias de fantasmas y de casas encantadas tienen su origen en los sonidos producidos por el viento.

Escribe una historia de fantasmas en la que los ruidos misteriosos sean producidos por el viento.

9 Efectos sonoros. Cuando se representa una obra de teatro, resulta muy fácil reproducir ciertos sonidos. Por ejemplo, golpeando entre sí las dos mitades de un coco, se imita el ruido de los cascos de un caballo. El ruido de un trueno puede imitarse agitando una lámina delgada de metal o de cartón.

Prepara una colección de efectos sonoros. Por ejemplo, la puesta en marcha de un coche, el chirrido de los neumáticos, el timbre de un teléfono, el relincho de un caballo, unos soldados desfilando, un coche de la policía o una ambulancia, etc. ¿Eres capaz de imitar estos y otros sonidos? Si no, quizá puedas grabar en una cinta magnetofónica los sonidos verdaderos.

Busca una obra de teatro que necesite muchos efectos sonoros. Quizá puedas escribirla tú. Cuando la hayas ensayado varias veces, grábala en una cinta magnetofónica. Haz que alguien la escuche. ¿Reconoce tus efectos sonoros?

10 Fabrica un teléfono casero. Necesitarás dos botes de yogur o de flan, dos cerillas de madera sin cabeza y un trozo de cuerda delgada. Haz un agujero pequeño en el fondo de cada bote. Pasa la cuerda a través de los dos agujeros y anuda una cerilla en cada extremo. Dile a un amigo que te ayude a tensar la cuerda y que se coloque uno de los botes en un oído. ¿Te oye tu amigo cuando hablas bajito por el otro extremo del teléfono? Los sonidos se han propagado por la cuerda. Comprueba hasta qué distancia funciona tu teléfono.

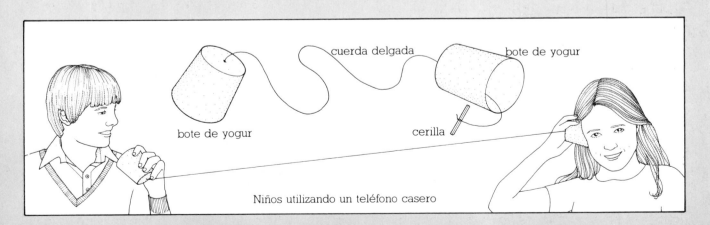

cuerda delgada

bote de yogur

bote de yogur

cerilla

Niños utilizando un teléfono casero

11 Fabrica una bramadera. ¿Has oído cómo silba el viento entre los cables telefónicos? Una bramadera es un instrumento musical que funciona porque el aire choca contra él. Necesitas un tubo de cartón de unos 10 ó 15 cm de longitud, un trozo de goma elástica de unos 3 mm de ancho y unos 50 cm de largo. Pasa la goma por el tubo, anuda los extremos y ata una cuerda a la goma como muestra la figura.

Para hacer funcionar la bramadera, gírala a gran velocidad alrededor de tu cabeza. Producirá un fuerte sonido grave.

12 Globos vibrantes. Infla un globo. Luego, estira la boca del globo mientras se le escapa el aire. ¿Puedes ver qué es lo que vibra para producir ese sonido trepidante?

Otra forma de producir el mismo sonido es cerrar con un dedo el orificio de salida de aire de una bomba de bicicleta. Con la mano que tienes libre mueve el mango de la bomba hacia arriba y hacia abajo. ¿Qué es lo que vibra para producir ese sonido?

13 El sonido también se propaga por el hierro. Busca una barandilla de hierro. Sitúate en un extremo y dile a un amigo que se sitúe en el otro y golpee la barandilla con un palo. ¿Oyes el sonido producido? Luego, pega tu oído a la barandilla y dile a tu amigo que la golpee de nuevo. ¿Oyes ahora el sonido?

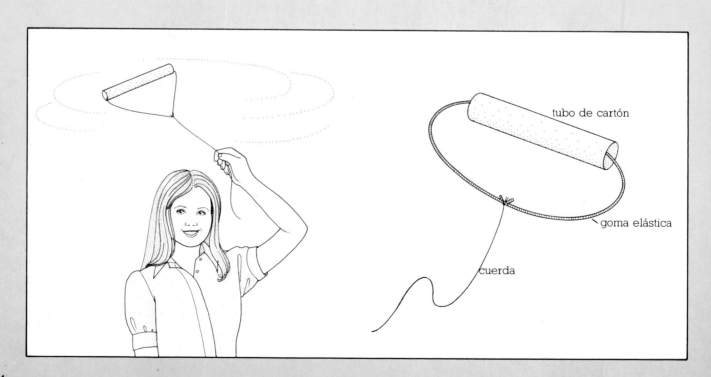

tubo de cartón

goma elástica

cuerda

Cómo oímos

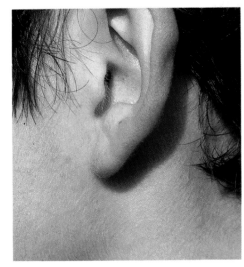

El oído externo

Sin los oídos no podríamos notar los sonidos que se producen a nuestro alrededor. La parte del oído que vemos no es la parte más importante para oír. Las partes más importantes del oído están en el interior de la cabeza.

La parte que vemos se denomina oído externo. El oído externo recibe las ondas sonoras, que por medio del conducto auditivo llegan al tímpano. El tímpano es una membrana muy delgada. Las ondas sonoras hacen vibrar el tímpano, y éste transmite esas vibraciones a tres huesecillos. Los huesecillos transmiten las vibraciones a un tubo enrollado en forma de caracol. Dentro de este tubo existen infinidad de nervios pequeños, que trasladan los mensajes sonoros al cerebro. El cerebro nos descifra lo que hemos oído.

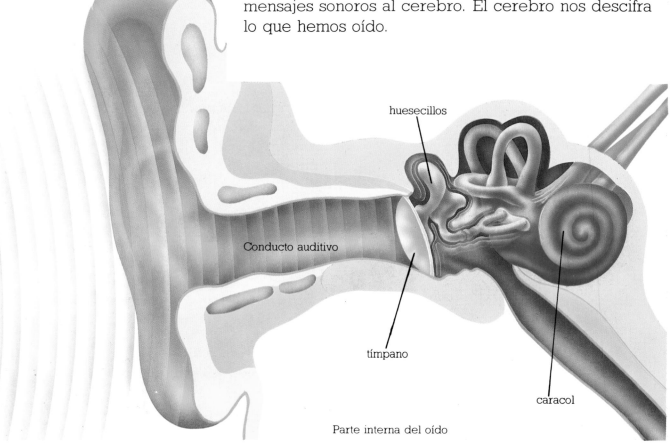

huesecillos

Conducto auditivo

tímpano

caracol

Parte interna del oído

Oídos de los animales

Muchos animales tienen oído externo. En algunos, el oído externo es bastante grande. Éste es el caso de los perros, los gatos, los ciervos, los burros, etc. Los animales que buscan su comida ayudándose de los sonidos que se producen a su alrededor suelen tener el oído externo grande. También los animales que tienen que oír si se aproxima algún enemigo.

Algunos animales pueden orientar sus orejas en la dirección de donde procede el sonido, por ejemplo el conejo. Sus grandes orejas le advierten si el peligro está cerca.

El oído externo de algunos animales es muy pequeño. Las serpientes, los lagartos y las aves no tienen oído externo. El oído de un ave está oculto entre las plumas, detrás de los ojos. Las ranas y los sapos tampoco tienen oído externo. Los tímpanos de una rana o un sapo son unos pequeños círculos situados a ambos lados de la cabeza, debajo de los ojos.

Instrumentos musicales

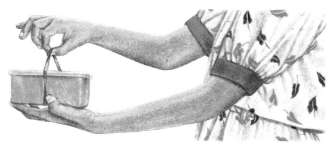

Si te colocas una goma alrededor de los dedos y la estiras y la sueltas, vibrará. Al vibrar la goma, hace vibrar el aire que hay a su alrededor, lo que produce un pequeño sonido musical. Pero si colocas la goma alrededor de una caja, producirá un sonido mucho más fuerte. La razón es la siguiente: la goma vibra cuando se tira de ella y se suelta. Esto hace que vibren la caja y el aire que hay dentro de ella. Ahora bien, la caja hace que vibre todo el aire que hay a su alrededor. Por eso produce un sonido mucho más fuerte.

Una guitarra, en realidad, es una caja con unas cuerdas fijadas a ella. Cuando se pulsan las cuerdas, vibran y hacen vibrar la caja. Ésta hace vibrar gran cantidad de aire. Por eso oímos sonidos bastante fuertes.

Tocando la guitarra

El violín se parece a la guitarra; sólo que en él las cuerdas vibran al rozarlas un arco, en lugar de al pellizcarlas los dedos. En todos los instrumentos musicales hay una parte que vibra.

Más instrumentos musicales

Una forma de hacer que tu voz llegue más lejos es colocarte las manos alrededor de la boca. Si gritas, tus manos impiden que las ondas sonoras se propaguen lateralmente, por lo que tu voz puede llegar más lejos. Un megáfono impide también que el sonido se disperse. Muchos instrumentos de viento tienen un extremo en forma de megáfono, para impedir que el sonido se disperse. Los instrumentos de viento producen sonidos si soplamos en su interior. El aire vibra dentro del instrumento y produce un sonido musical. En una tuba, el instrumentista hace vibrar sus labios y esto hace que vibre el aire que hay dentro de la tuba.

En un tambor, la piel vibra cuando se golpea sobre ella. La piel está estirada fuertemente sobre un recipiente cilíndrico que también vibra, y que hace vibrar todo el aire que hay alrededor del tambor. Por eso oímos un sonido muy fuerte.

En un piano, cuando se pulsan las teclas se mueven unos macillos. Los macillos golpean unas cuerdas que hay dentro del piano. Esto hace que las cuerdas vibren. Vibra toda la caja del piano, y la caja hace que vibre el aire que hay alrededor del piano.

Ecos

Interior de un estudio de radio

Si lanzas una piedra a un estanque, se forman unas ondas que se van extendiendo. Las ondas sonoras se extienden también de la misma manera. Si las ondas sonoras chocan contra un objeto sólido, rebotan en él y, al regresar en sentido contrario, podemos oír el eco, es decir, la repetición del sonido. Si te sitúas frente a un acantilado o a un edificio alto y das un grito, oirás el eco de tu propia voz. Lo que tarda el eco en llegar a ti depende de la distancia que existe entre el acantilado o el edificio y tu cuerpo. Puedes escuchar también ecos debajo de los puentes y en el metro.

Si te encuentras en un gran recinto vacío, por ejemplo: una iglesia o el salón de actos del colegio, y das un grito, se producen varios ecos, porque el eco de tu voz rebota en todas las paredes y en el techo. Puede haber tantos ecos que te resulta difícil entender lo que dice. Una forma de evitar todos esos ecos es cubrir las paredes de la habitación con algo que detenga o absorba las ondas sonoras. Por esta razón se emplean a veces cortinas pesadas, paneles de corcho, moquetas o placas de madera. Estos materiales se emplean frecuentemente en estudios de radio, televisión y grabación, para evitar los ecos.

Sacarle partido al eco

Los murciélagos vuelan en la oscuridad. A veces podemos verlos en el crepúsculo de un día de verano. Los murciélagos tienen muy poca visión. Pero nunca chocan con nada. Cuando un murciélago está volando, emite unos chillidos muy agudos. Tan agudos que la mayoría de la gente no los puede percibir. Esos sonidos chocan contra los objetos y vuelven en forma de eco a las grandes orejas del murciélago. De esa forma el murciélago puede saber, al recibir esos ecos, la situación exacta de las cosas. Incluso puede atrapar pequeños insectos, por el eco producido al chocar contra ellos el chillido que el murciélago emite.

Murciélago volando

insecto   ondas sonoras

eco   orejas

chillidos del murciélago

Cómo un murciélago detecta a un insecto

Los delfines viven en el mar, en aguas a menudo turbias y obscuras. También ellos se mueven y buscan su comida emitiendo sonidos. Mientras nadan, los delfines emiten sonidos muy agudos. Estos sonidos rebotan en las rocas y en los peces que hay en el agua.

Los barcos aprovechan los ecos para conocer lo que hay en las profundidades del mar. Desde el fondo del barco se envía un sonido, que rebota en el fondo del mar. Cuánto más tarda el sonido en volver al barco, más profundo es el mar. El sonido puede chocar también con un gran banco de peces y volver al barco. De esta forma, los barcos de pesca saben dónde deben lanzar sus redes.

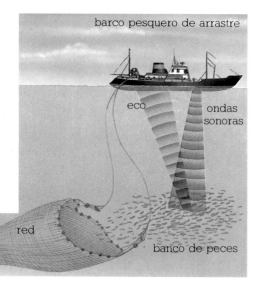

barco pesquero de arrastre

eco   ondas sonoras

red   banco de peces

Almacenamiento y reproducción de sonidos

Un disco musical es un objeto en el que se almacenan vibraciones sonoras. Estas vibraciones sonoras pueden reproducirse luego repetidas veces. Si observas un disco con una lupa, verás que tiene muchos surcos ondulantes. Estos surcos son huellas que corresponden a vibraciones sonoras y éstas pueden escucharse de nuevo si se pone en funcionamiento el tocadiscos.

Un magnetófono almacena vibraciones sonoras en una cinta especial. Cuando se pone en funcionamiento el magnetófono, éste reproduce las vibraciones sonoras en forma de sonidos.

El teléfono necesita electricidad para transmitir sonidos. Los sonidos se transforman en señales eléctricas, que pueden transmitirse inmediatamente a cualquier parte del mundo.

En un estudio de radiotelevisión, los sonidos se transforman en señales eléctricas radiofónicas o televisivas. Estas señales pueden ser enviadas a través del aire y son recogidas por la antena cónectada al aparato receptor de radio o de televisión. En la radio, las señales eléctricas radiofónicas se transforman en sonidos. En la televisión, las señales eléctricas televisivas se transforman en sonidos e imágenes.

Surcos ondulados de un disco vistos al microcopio

Cómo nos llegan las señales radiofónicas

micrófono

transmisor de radio

torre transmisora (no a escala)

ondas radiofónicas

ondas sonoras

radio

Contaminación acústica

Ruido es el sonido desagradable y molesto. El ruido de los vehículos de motor, de los aviones, de las máquinas y de las radios y televisores puede llegar a molestarnos. El ruido es un tipo de contaminación. El ruido a veces no nos deja dormir o nos da dolor de cabeza. Los ruidos muy fuertes pueden dañarnos el tímpano. El tímpano es tan delgado como un papel y se rompe con facilidad. Frecuentemente, las personas que trabajan en lugares ruidosos se protegen los oídos con orejeras.

Orejeras para proteger los tímpanos

En algunas ciudades grandes está prohibido que los aviones de reacción aterricen o despeguen durante la noche. Los coches, las motos y los camiones tienen la obligación de llevar silenciadores, para hacer menos ruido.

Silenciador de una moto

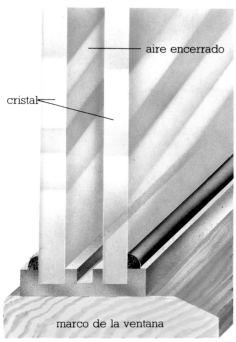

aire encerrado

cristal

marco de la ventana

Ventana de doble cristal

Los arquitectos deben procurar que los edificios no sean ruidosos. Las ventanas de doble cristal impiden que pase gran parte del ruido. Las habitaciones con suelos enmoquetados son más silenciosas que las que tienen suelos duros y lisos. Para que no se oiga el ruido de una habitación a otra, se suele rellenar el espacio que hay entre los tabiques con espuma de material plástico u otros materiales blandos. Éstos absorben las vibraciones que originan los sonidos. Todos necesitamos cierto silencio, paz y tranquilidad si queremos conservarnos sanos.

¿Te acuerdas?

(Si no sabes las respuestas, búscalas en las páginas anteriores.)

1   ¿Cuáles son las partes más importantes del oído?

2   ¿Para qué sirve el oído externo?

3   ¿Qué sucede cuando llegan al tímpano ondas sonoras?

4   Cita tres animales que tengan grande el oído externo.

5   Cita un animal que pueda orientar su oído externo hacia el lugar de donde viene el sonido.

6   Cita tres animales que no tengan oído externo.

7   ¿Dónde tiene una rana los tímpanos?

8   ¿Por qué cuando se pulsa una goma colocada alrededor de una caja produce un sonido más fuerte que colocada alrededor de tus dedos?

9   ¿Qué partes de la guitarra vibran para producir las notas musicales?

10   ¿Qué vibra cuando se toca una tuba?

11   ¿Qué vibra cuando se toca un tambor?

12   ¿Qué ocurre cuando se tocan las teclas de un piano?

13   ¿Cómo se llama el hecho de que las ondas sonoras choquen y vuelvan al lugar de origen?

14   ¿Qué ocurre si das un grito en una habitación grande vacía?

15   ¿Cómo se orienta un murciélago en la obscuridad?

16   ¿Para qué utilizan los barcos el eco?

17   ¿Cómo se hicieron las rayas de un disco?

18   ¿Qué es el ruido?

19   ¿Por qué es perjudicial para nosotros un exceso de ruido?

20   Cita tres formas de conseguir que un edificio sea menos ruidoso.

Cosas para hacer

1   **Grandes orejas.** Sal al exterior y escucha el canto de los pájaros. Procura estar lo más quieto posible. Luego, ahueca las manos y colócatelas detrás de los oídos. ¿Oyes mejor los sonidos? Ahueca las manos y colócatelas ahora delante de los oídos, con las palmas hacia ti. ¿Oyes ahora mejor los sonidos que se producen detrás de ti?

Confecciona dos grandes orejas con cartulina. Haz una ranura en cada una de ellas, para sujetarlas a tus oídos. Orienta las orejas de papel en dirección a algún sonido lejano. ¿Cómo oyes mejor ese sonido, con las orejas de papel o sin ellas?

De la misma forma vibra el tímpano. ¿Hasta qué distancia de la radio o del televisor puedes notar las vibraciones ocasionadas por las ondas sonoras?

Sujeta una hoja de papel delgado frente al altavoz de una radio o un televisor. ¿Notas las vibraciones producidas por las ondas sonoras?

2   Sonidos agradables y desagradables. Coge una hoja de papel. Traza una línea por la mitad. En un lado del papel escribe «Sonidos agradables» y, en el otro lado, «Sonidos desagradables». Piensa en el mayor número de sonidos que puedas y anótalos en el lado correspondiente. Dibuja las cosas que producen los sonidos que has anotado o, quizá, pega fotos de ellas. ¿Hay sonidos que te gustan a ti, y a tus padres no?

3   Silbatos. Fíjate en el silbato de un árbitro o en el que usan los profesores de gimnasia. ¿Qué pasa, cuando se sopla, con la bolita que hay dentro del silbato?

4   Vibraciones. ¿Recuerdas lo que leíste en la página 15 sobre la forma en que oímos? Las ondas sonoras que se propagan por el aire hacen vibrar el tímpano.

Para comprender mejor la forma en que vibra el tímpano, infla un globo grande y hazle un nudo en la boca. Lleva el globo a una habitación donde esté funcionando una radio o un televisor. Sube el volumen del televisor o de la radio para que los sonidos sean fuertes. Acerca el globo a la radio o al televisor. ¿Notas cómo vibra el globo?

5   Instrumento musical hecho con gomas. Busca una plancha gruesa de madera. Necesitarás también un martillo, algunos clavos de unos 2 cm de largo y unas gomas, todas del mismo tamaño.

Clava los clavos en la madera de la forma que indica la figura. Pasa unas gomas por los clavos. Pulsa las gomas con las uñas de los dedos y escucha los sonidos que producen. ¿Qué gomas producen los sonidos más altos? ¿Cuáles los sonidos más bajos?

¿Hay diferencias si empleas gomas de diferente grosor?

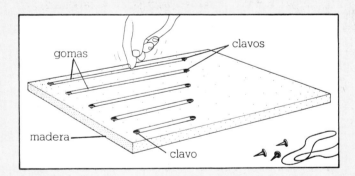

6   Música con un peine. Coge un peine limpio y colócalo dentro de una hoja de papel «tisú» doblada. Canturrea o produce algún sonido teniendo los labios contra el papel. ¿Notas cómo vibra el papel contra tus labios? ¿Puedes cantar una canción con el papel y el peine?

7 Maracas hechas con frascos de detergente.
Reúne varios frascos vacíos de detergente
líquido. Quítales los tapones, lávalos y sécalos.
Ten cuidado de que estén secos por dentro.
Busca un palo de madera que pase
ajustadamente por el cuello de los frascos. Corta
varios trozos de unos 25 cm, que harán de
mangos.

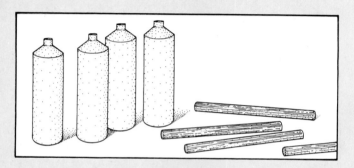

Introduce materiales de diversos tipos en los
frascos. Elige materiales que hagan un ruido
agradable al agitarlos. Puedes usar arroz y
garbanzos, arena, sal, gravilla, cuentas, clavos,
tornillos, etc.

Después de colocar el material en el frasco,
pon un poco de cola por la parte interior del
cuello del frasco, así como en uno de los
extremos de un mango. Introduce éste en el
cuello del frasco. Deja el frasco en un lugar
templado, hasta que seque la cola. Si fuera
necesario, puedes clavar un clavo, a través del
cuello de la botella, en el mango de madera.

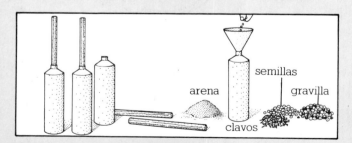

arena   semillas
gravilla
clavos

Raspa un poco los frascos con un estropajo de
aluminio o de papel de lija. Pinta la botella y el
mango con pintura.

sin pintar   pintado
lijado   pintura
estropajo de aluminio

Canta una canción y acompáñala con la
maraca. A ver si tus amigos averiguan lo que hay
dentro de la maraca, escuchando el sonido que
produce.

También puedes preparar unas maracas
introduciendo distintos materiales en dos botes
limpios de yogur. Para ello pega un bote contra
el otro. Pinta luego la maraca.

botes de yogur
botones

8 Cómo funciona un piano. Dile a alguien que te
deje ver el interior de un piano. Observa cómo
los macillos golpean las cuerdas cuando se toca
el piano. Fíjate qué cuerdas producen los sonidos
más altos y cuáles los más bajos.

Observa otros instrumentos musicales. Observa
qué parte de cada instrumento vibra cuando se
toca.

9 Botellas musicales. Necesitas varias botellas de vidrio limpias. Todas deben ser del mismo tamaño. Pueden servir las botellas de leche.

Pon en fila las botellas. Deja la primera vacía. Vierte un poco de agua en la segunda, un poco más en la tercera, y así sucesivamente hasta la última, que debe quedar llena.

Sopla en la boca de cada botella, una tras otra. ¿Qué notas?

Utiliza una cuchara metálica para golpear las botellas. Escucha los sonidos que cada una produce. ¿Qué notas? ¿Qué botella produce el sonido más agudo? ¿Cuál produce el sonido más grave?

¿Puedes tocar una melodía con las botellas? Si colocas un número junto a cada botella, podrás escribir la música.

10 Un cartel de instrumentos musicales. Reúne fotos de diferentes instrumentos musicales. Pégalas en una lámina grande de papel. Junto a cada foto, escribe el nombre del instrumento musical. Di cómo se toca y qué parte de él vibra.

11 Haz un megáfono. Dibuja un círculo lo más grande que puedas en una hoja de cartulina. Corta la cartulina como se indica en la figura, dejando una pestaña para pegar los extremos.

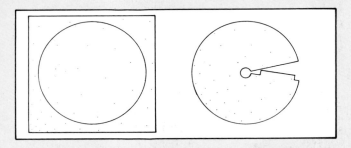

Dobla la cartulina para formar un cono. Pega la pestaña. Pega un asa de cartón al megáfono para poder manejarlo.

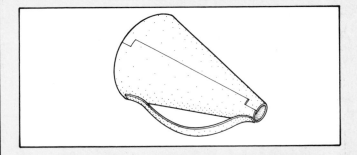

Usa el megáfono para llamar a un amigo en el recreo o en el campo de deportes. Luego, llama a tu amigo sin utilizar el megáfono. ¿Cuándo te oye mejor?

12 «El eco perdido». Grita en diferentes lugares y observa si escuchas el eco.

Supón que un día estás gritando cerca de un puente y que, de repente, dejas de oír el eco. Escribe una historia titulada «El eco perdido». Cuenta dónde ha ido a parar el eco y cómo lo encontraste de nuevo.

13 Un altavoz de tocadiscos. Fija un alfiler largo al fondo de un bote de yogur. Haz un cono de cartón y pégalo al borde del bote de yogur.

Coloca este altavoz, sin apretar mucho, con el alfiler apoyado en uno de los surcos de un disco viejo. No utilices un disco en buen estado, porque el alfiler lo estropearía.

Pon en marcha el tocadiscos. Al girar, el alfiler actúa de aguja y los surcos ondulados del disco la hacen vibrar. Esto hace que el aire también vibre, con lo que llega a tu oído la música. ¿La reconoces? ¿Suena tan clara como lo haría en el tocadiscos?

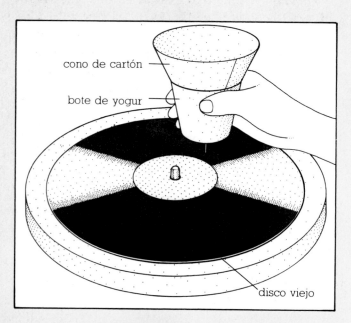

cono de cartón

bote de yogur

disco viejo

14 Silenciadores. Consigue un silenciador viejo de motocicleta o de coche. Despiézalo y averigua cómo funciona.

Experimentos

Realiza tus experimentos con cuidado. Escribe o dibuja lo que haces y lo que ocurre.

Cuenta en casa o en clase lo que has aprendido. Compara tus descubrimientos con los de tus compañeros.

1 ¿Influye la longitud de una cuerda en el sonido que produce?

Hemos visto en la página 17 que las *gomas* producen sonidos diferentes. ¿Modifica también la longitud el sonido que produce un trozo de *cuerda*?

Lo que necesitas: Un trozo de madera lisa; un clavo; un martillo; un trozo de cuerda delgada y resistente; dos lápices; una bolsa pequeña de plástico; unas canicas o unas piedrecitas limpias.

cuerda

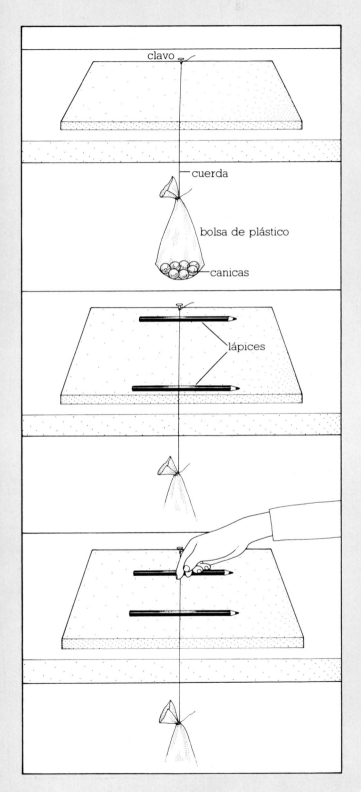

clavo

cuerda

bolsa de plástico

canicas

lápices

Lo que puedes hacer: Clava el clavo en el trozo de madera. Ata uno de los extremos de la cuerda al clavo. Introduce las canicas o las piedrecitas en la bolsa de plástico y átala al otro extremo de la cuerda. Deja que la bolsa con las canicas o las piedras cuelgue del extremo de un pupitre o una mesa.

Coloca los dos lápices debajo de la cuerda para que quede separada de la madera. La cuerda quedará estirada, debido al peso de la bolsa de canicas o de piedrecitas. Comienza colocando los lápices a una distancia de 30 cm uno de otro. Pulsa la cuerda con un dedo. Escucha atentamente el sonido que produce. Vuelve a pulsarla, primero suavemente, luego con más fuerza. ¿Cuándo se produce un sonido más fuerte? ¿Son diferentes las notas producidas?

A continuación mueve los lápices hasta que estén separados solamente 15 cm. Pulsa la cuerda. La nota, ¿es ahora más aguda o más grave? Repítelo con distintas distancias entre los lápices.

¿Influye el peso que cuelga de la cuerda sobre el sonido producido? Emplea el mismo trozo de madera y la misma cuerda. Coloca los lápices a 30 cm de distancia uno de otro. Cuelga la bolsa con las canicas o las piedrecitas del extremo de la cuerda. Pulsa la cuerda. ¿Qué nota produce?

Pon ahora diez o doce canicas o piedrecitas más en la bolsa. Conserva la misma distancia entre los lápices. ¿Está más tirante ahora la cuerda? Pulsa la cuerda. ¿La nota producida es más aguda o más grave que antes? Sigue añadiendo más canicas o piedrecitas a la bolsa. ¿Son más altas o más graves las notas producidas?

Con este experimento, ¿qué has aprendido sobre las guitarras?

2 Aire que vibra

Lo que necesitas: Unas botellas de leche, vacías y limpias, de vidrio.

Lo que puedes hacer: Acerca los labios al borde de una botella y sopla. El aire contenido en la botella vibrará y producirá un sonido.

Dile a un amigo que se coloque una botella vacía cerca del oído y se ponga al otro extremo de la habitación. Sopla en tu botella para emitir un sonido. ¿Qué oye tu amigo? ¿Por qué sucede eso?

Reúne varios amigos y dales una botella vacía a cada uno. Diles que se las acerquen al oído. Sopla en tu botella. ¿Cuántos notan que sucede algo en sus botellas?

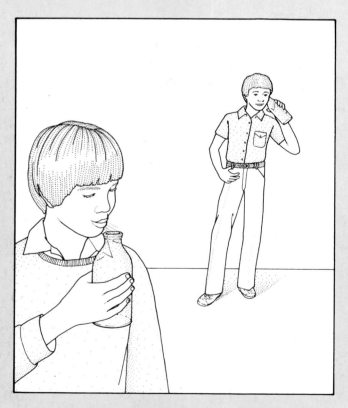

3 Comprueba tu capacidad de audición

Lo que necesitas: Un poco de algodón en rama; un reloj que suene; una regla larga o una cinta métrica.

Lo que puedes hacer: Realiza este experimento en una habitación silenciosa. Prepara unos tapones para los oídos, con el algodón. Ponte uno en el oído derecho y dile a un amigo que vaya acercando lentamente el reloj a tu oído izquierdo. Indícale a tu amigo cuándo empiezas a oír el tictac del reloj. Dile que mida la distancia del reloj a tu oído izquierdo, con la regla o una cinta métrica. Repite el experimento varias veces para ver si consigues el mismo resultado.

Haz la prueba luego con el oído derecho. ¿Consigues el mismo resultado?

Experimenta la capacidad de audición de otras personas y comprueba si las distancias son las mismas para ellos, con el mismo reloj y en la misma habitación. ¿Quién de tu clase tiene la mejor capacidad de audición?

4 ¿Puedes oír la caída de un alfiler?

¿Ha dicho vuestro profesor alguna vez en clase: «Quiero que estéis tan callados que se pueda oír la caída de un alfiler»? ¿Puedes realmente oír la caída de un alfiler?

Lo que necesitas: Un alfiler; una regla o una cinta métrica; una hoja de papel; una tapa de hojalata; una jarra grande de cristal; un trozo de plástico y otros materiales.

Lo que puedes hacer: Ve a una habitación donde no haya ningún ruido. Deja caer un alfiler en el suelo. ¿Oyes el ruido que produce al caer? ¿Influye la altura desde la que dejas caer el alfiler? ¿Influye el tipo de suelo sobre el que lo dejas caer? Inténtalo sobre cemento, madera, vidrio, plástico, papel, una tapa de hojalata y otros materiales.

Realiza la prueba con un amigo y observa la distancia mayor a la que eres capaz de oír la caída de un alfiler, desde diferentes alturas y sobre diferentes superficies.

¿A qué distancia puedes oír la caída de un alfiler en una habitación algo ruidosa?

5   Reducir el ruido

Como hemos visto en la página 22, el ruido puede ser muy molesto. En este experimento vamos a estudiar algunos materiales que sirven para reducir el ruido.

Lo que necesitas: Una radio de pilas pequeña; una cubretetera; una caja grande de cartón; una manta; trozos de gomaespuma; un periódico, paja y otros materiales.

Lo que puedes hacer: Enciende la radio y pon el volumen fuerte. A continuación, prueba diferentes formas de reducir el sonido.

Tapa la radio con una cubretetera. ¿Amortigua mucho el sonido?

Mete luego la radio dentro de la caja de cartón. ¿Reduce esto el ruido?

Deja la radio en la caja, sonando fuerte. Rodea la radio con trozos de periódico. ¿Reduce esto el sonido?

Deja la radio en la caja y prueba con otros materiales: paja, gomaespuma, una manta y cualquier otro material que se te ocurra. ¿Cuál de estos materiales es el mejor aislante del sonido? ¿Qué es más fácil, reducir el ruido cuando la radio interpreta música o cuando alguien está hablando?

Si no tienes una radio para realizar este experimento, puede servir un despertador preparado para que suene la alarma.

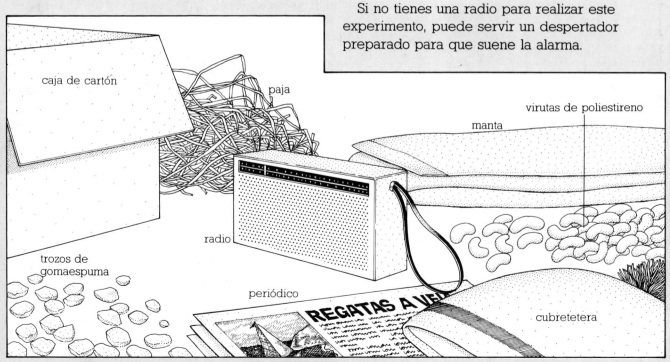

Glosario

Aquí tienes el significado de algunas palabras que quizá hayas encontrado por primera vez en este libro.

Conducto auditivo: Tubo que comunica el oído externo con el oído interno.

Contaminación: Corrupción del aire, el agua o el suelo. También se llama contaminación a la producción exagerada y molesta de ruido (contaminación acústica).

Cuerdas vocales: Músculos situados en el interior de la laringe y que vibran cuando hablamos.

Eco: El sonido que rebota en una pared, un edificio elevado, una montaña, etc., y que, por tanto, volvemos a oír de nuevo.

Supersónico: Avión que puede volar a velocidad mayor que la del sonido.

Tímpano: Membrana muy delgada que está situada al final del conducto auditivo, que vibra cuando llegan a ella las ondas sonoras.

Vibración: Movimiento oscilante hacia adelante y hacia atrás. Todos los sonidos se producen porque algo está vibrando.